AF240379

PLAIDOYER

POUR

M. GAUCHARD-DESMARES

PAR

M^E NIBELLE

AVOCAT A LA COUR ROYALE DE PARIS.

(Cour d'assises de la Seine du 29 août 1844.)

Parturient montes.

PARIS

IMPRIMERIE D'A. RENÉ ET Ce, RUE DE SEINE, 32.

1844

PLAIDOYER

POUR

M. CAUCHARD-DESMARES.

Parturient montes.

------—◆—------

Messieurs les Jurés,

Aux jours d'une foi vive, aux jours des convictions profondes, nos pères sacrifiaient leur fortune à leur opinion, leur sang coulait pour un principe. Le roi était le père de famille, l'élu de Dieu ; non, comme on l'a dit tant de fois, pour le bon plaisir de quelques hommes privilégiés, mais pour la gloire et la sécurité du pays, pour le salut de tous. Le roi était à l'abri des tempêtes, non à cause du roi, mais à cause du peuple ; aussi nos pères mouraient pour un serment. Mais cette brûlante énergie que nous admirons dans l'histoire est éteinte ; et, dans nos jours de système, on écrit, on discute, on se livre à des controverses, et voilà pourquoi, peut-être, on ne s'entend plus. Si une foi robuste vit encore dans quelques âmes généreuses, elle ne compte que sur le temps et sur la lumière ; enfin, à notre époque froide, égoïste, matérielle, à notre époque où le seul roi c'est l'intérêt personnel, on ne conspire plus. Où sont les con-

spirateurs ? M. l'avocat général en a trouvé : c'est Cauchard-
Desmares, c'est Toutain, deux pauvres ouvriers bien obscurs,
bien insignifiants, et il les arrache à leur obscurité pour leur
faire subir cette grave épreuve au grand jour de la Cour d'assises. Cauchard !... Mais son esprit, son caractère une fois con-
nus suffisaient pour arrêter les poursuites ; vous ne compren-
drez pas le sérieux de l'accusation. Cauchard est un honnête
homme ; il a de la piété, une piéte vraie ; il a soixante-trois
ans. D'un esprit faible et exalté, il offre sans cesse les plus
grands contrastes dans ses paroles, dans ses actions ; il parle
beaucoup, il écrit davantage.

Tantôt il se gourme, et, fier de son importance, il se croit
appelé à de hautes destinées politiques et littéraires. Alors,
renfermé en lui-même comme un diplomate, il répond à peine
aux questions qui lui sont faites, il regarde autour de lui avant
de répondre,

> Et jusques au bonjour il dit tout à l'oreille.

Tantôt, d'une indiscrétion profonde, il met en dehors tous ses
rêves, toutes ses folles pensées.

Tapissier aventureux, il a été à Rome, à Londres ; il se croit
appelé à décorer le monde entier. Il aime nos Bourbons exilés :
ils eussent fait sa fortune. La révolution de Juillet l'a ruiné : il
la déteste. Toutefois, pétitionnaire intrépide, il présente ses
requêtes à toutes les royautés aînées ou cadettes, françaises ou
étrangères ; il ne distingue pas. Une lettre adressée par lui aux
nouvelles Tuileries est pleine d'outrages. Que la personne outra-
gée soit reine des Français, duchesse d'Orléans ou simple femme,
je le condamne, ou plutôt je l'excuse : cette lettre ne prouve
que l'égarement de son esprit. Dans une autre lettre de quatre
pages in-folio, d'une écriture très-fine, il dresse l'acte d'accusation de la révolution de Juillet : il avait beaucoup de choses à
dire, et il les a dites fortement, sans précautions oratoires : il
dresse l'acte d'accusation du roi des Français, de toute la famille d'Orléans ; il minute tous ses reproches, toutes ses colè-

res, tous ses griefs. Et à qui envoie-t-il cet étrange réquisitoire? A M. Nabon, au secrétaire de M. Delessert! M. Nabon appelle Cauchard et lui dit : « J'ai pris des renseignements. Vous êtes « un honnête homme, *un fou, un maniaque.* Allez-vous-en ! »

Vous connaissez maintenant Cauchard. Vous ferez, MM. les jurés, ce qu'aurait dû faire la justice ; vous ferez comme M. Nabon.

En 1832, Cauchard a subi une captivité préventive de neuf mois. Il est signalé à la police. A chaque instant il se signale lui-même par ses lettres, par ses actions, et c'est cet homme ainsi mis à jour, c'est cet extravagant que des hommes d'une haute raison et haut placés ont choisi pour en faire le centre d'une conspiration, pour voler à la conquête des sapeurs du génie du village d'Issy !... et c'est à cause d'un tel conspirateur que tant de nobles domiciles ont été fouillés, que tant de lettres ont été saisies, et que l'on a publié le grand complot légitimiste!... Mais Cauchard est le roi des chiffonniers, et son influence dans les faubourgs... Roi des chiffonniers !... Cela est vrai ; Cauchard, pauvre lui-même, a pourtant secouru deux pauvres familles de la rue Saint-Marcel, et tous les crochets reconnaissants s'abaissèrent en faisceau devant le dictateur. Mais le cœur des chiffonniers est mobile comme celui des grands. Le roi s'éloigna. Ils ne pensèrent plus à lui.

Comment, nous dit-on, des hommes comme M. Charbonnier et M. de Lépinois peuvent-ils être en relations avec Cauchard? Ils le visitent, et M. de Lépinois lui écrit. Voici ma réponse : Cauchard a eu un petit emploi à l'*Encyclopédie catholique* ; il était sous les ordres de M. de Lépinois. Cauchard a partagé les verroux politiques de M. Charbonnier. M. de Lépinois est le secrétaire de l'œuvre de Saint-Louis, et M. Charbonnier est l'un des commissaires. Cauchard s'est adressé à l'œuvre. Je demande à mon tour comment M. Charbonnier et M. de Lépinois auraient repoussé Cauchard, comment ils n'auraient pas visité sa misère?... Visité !... deux fois, dans le bureau où Cauchard gagnait un morceau de pain... Mais les lettres de M. de Lépinois à Cauchard?... En effet,

elles sont graves. « Le commandant Charbonnier désirerait
« vous parler, il voudrait vous voir demain matin si cela est
« possible ; il demeure rue *Notre-Dame-de-Lorette* , n° 15. »
Il s'agissait d'un secours. Cauchard ignorait l'adresse de son
chef de crime. N'importe ! Voir Cauchard , parler à Cauchard,
c'est une conspiration ! M. de Lépinois écrit encore :

« Si M. Cauchard est libre demain matin , je le prie de pas-
« ser chez moi; *j'ai un service à lui demander.* » Un service !...
vous l'entendez ! M. l'avocat général tient écrite la conspiration. Mon Dieu ! il y a des services qui ne peuvent être rendus
que par un plus petit que soi. M. de Lépinois voulait prier
Cauchard de faire déménager deux femmes dont on payait le
loyer, et qui avaient surpris la charité de l'œuvre de Saint-
Louis. Ce n'est point là une allégation , c'est un fait prouvé par
témoin aux débats. L'accusation ne se décourage pas. M. Charbonnier n'a-t-il pas aussi écrit qu'il était *prêt à revenir si les
circonstances l'exigeaient* ? Comme les choses les plus simples
se dénaturent ! Une autre défense vous expliquera comment
l'œuvre de Saint-Louis pouvait avoir besoin de la présence de
M. Charbonnier. *Cauchard devait rendre compte ?...* Au com-
mencement, et surtout à la fin de mai, lorsque M. Laffitte des-
cendait dans la tombe , on craignait les émotions hostiles du
faubourg Saint-Marceau. Celui qui n'avait jamais eu que le
titre honorifique de chef des chiffonniers fut chargé par
M. Charbonnier d'aller aux informations. Le peuple, dans sa
misère, dormait au faubourg. Les crochets , à la lueur d'une
lanterne, ne remuaient que leurs trésors nocturnes. Cauchard
prit à peine des renseignements, et M. Charbonnier, qui ne
fuit jamais, le grand conspirateur quittait Paris au moment de
la crise et de la prise d'armes. Ce n'est pas tout encore; Cauchard a été secouru par l'œuvre de Saint-Louis, et l'œuvre
elle-même semble être en cause. M. l'avocat général a décou-
vert la conspiration de la charité (1). Où ne s'élève pas l'ac-

(1) M. le duc d'Escars, ce noble cœur, avait d'un mot raconté l'histoire
journalière de l'œuvre : « Quand un malheureux s'adresse à nous, on com-

cusation? Elle ose dénoncer cette lettre que je dénonce à mon tour à toutes les âmes françaises.

Goritz, le 7 avril 1843.

« Je suis charmé, mon cher duc, toutes les fois que je trouve
« une occasion de vous écrire ; aussi est-ce avec empressement
« que je profite de la connaissance qui vient de m'être donnée
« des heureux travaux de l'association de Saint-Louis, pour
« vous prier d'exprimer à tous ceux qui en font partie la vive
« satisfaction que j'en éprouve. Vous savez toute la part que
« je prends aux succès d'une œuvre placée sous de tels auspi-
« ces, et si bien faite, sous tous les rapports, pour m'in-
« spirer le plus vif intérêt.

« Non-seulement j'apprécie son utilité, mais j'aime à y re-
« trouver aussi, de la part de tous les bons Français qui con-
« tribuent à ses progrès, *de nouvelles preuves de leurs senti-*
« *ments envers moi.* Qu'ils soient donc de leur côté bien con-
« vaincus de ma reconnaissance, comme vous, mon cher duc,
« en votre particulier, de ma constante et sincère affection.

« **HENRI.** »

« mence par lui donner du pain. On examine ensuite si l'on doit continuer
« les secours, s'il en est digne. »

Dans sa belle plaidoirie, mon excellent confrère, Me Fontaine, a expliqué l'œuvre. Elle n'avait pas besoin d'être justifiée. Des noms suffisent pour la défendre.

Président : M. Pardessus. *Vice-présidents :* MM. le duc d'Escars, le vicomte de Saint-Priest. *Trésorier :* M. Breton. *Membres de l'œuvre :* Mmes la princesse de Bauffremont, la duchesse de Gontaut, la comtesse de Montaigu, la baronne de Montgardé. MM. le comte de Brissac, Charlet, le vicomte de Foissac-Latour, des Glajeux, le vicomte de Laître, Mandaroux-Vertamy, le vicomte de Saint-Priest, le prince de Robecq-Montmorency, le duc de Rohan, le duc de Valmy, le vicomte de Vaufreland.

Les dames patronesses du bal annuel de la liste civile se sont réunies à l'œuvre pour avoir des renseignements exacts sur les personnes et n'être pas trompées dans leurs distributions de bienfaisance.

On ne croit pas à la bienfaisance désintéressée du prince, on le met en suspicion lorsqu'il exprime d'une manière si digne, si touchante, qu'il aime à retrouver dans les bienfaits de l'œuvre de nouvelles preuves des sentiments de s bons Français envers lui. Saint Louis mourant disait à son fils :

« Je te prie d'avoir de moi souvenances par bienfaits, au-« mônes et charité pour la France (1). »

Cette charité héréditaire des fils de saint Louis s'est éveillée avec les premiers battements du cœur du dernier de ses enfants. Faut-il un témoignage? Écoutez une vieille Ecossaise, sur la première terre d'exil de Henri : « Je ne connais pas de « plus joli petit garçon ; il est bon pour les pauvres gens, et il « ne garderait pas l'argent lorsque quelqu'un en a besoin. Et « tant pis sera pour nous tous ici lorsqu'il s'en ira *chez lui en* « *France* (2). »

Le joli petit garçon, si bon pour les pauvres gens, est grand aujourd'hui ; son cœur n'a pas changé ; que M. l'avocat général ne s'étonne donc pas de sa lettre et de sa bienfaisance.

Pardonnez-moi, MM. les jurés, d'avoir un moment interrompu ma défense. Je reviens à Cauchard. Il avait retrouvé Toutain, autrefois son compagnon de captivité, Toutain qui implorait aussi l'œuvre de Saint-Louis, la protection de MM. de Lépinois et Charbonnier, Toutain condamné par la faim à creuser des fortifications, et il avait bu avec lui et les sapeurs du génie. Deux lettres de Cauchard à Toutain sont les plus fortes armes de l'accusation. Examinons ces lettres. Le 7 juin il annonce qu'il est retenu pour l'arrangement d'une bibliothèque :

« Dites *aux amis,* en leur présentant mes amitiés, que je suis « très-contrarié de ce contre-temps, mais qu'*un autre* diman-« che je m'empresserai de saisir l'occasion de les voir, ainsi que « vous. *Je n'ai vu ni l'un ni l'autre de ces messieurs.*

(1) La plume d'un écrivain courageux, M. le comte de Bond, m'a rappelé ces belles paroles.

(2) *Voyage de Henri de France,* par M. Muret.

« *Je crains que le commandant ne soit parti.* Quant au *che-*
« *valier,* je le verrai dimanche matin s'il est de retour. »

Cauchard est attendu par les conspirateurs, et c'est pour clas-
ser des livres, à heure fixe, qu'il renonce à une conspiration
commencée, et il ne précise pas un nouveau reudez-vous ; il
parle vaguement d'un *autre dimanche. Dites aux amis!..* Dans
la classe de Cauchard on est *amis* quand on a bu, quand on a
perdu la raison ensemble ; mais pourquoi *le commandant* et *le*
chevalier? Pourquoi? M. Charbonnier devait recommander
Toutain au commandant d'Issy. On pensait que cette recom-
mandation serait plus efficace de commandant à commandant.
En l'absence de M. Charbonnier, M. de Lépinois eût fait la dé-
marche.

La lettre du 12 juin!...

« Mon cher Monsieur et ami,

« J'ai reçu hier à mon bureau la visite d'arrivée du noble che-
« valier de Lépinois. Je lui ai dit le motif qui m'avait empêché
« d'aller vous voir, dimanche dernier, mais je suis engagé *for-*
« *tement* par lui à vous voir dimanche prochain et à *résumer*
« *ensemble le nombre certain de ce qu'on pourrait obtenir de*
« *la contrée, car tout jusqu'alors n'a été qu'aperçu.*

« J'ai également plusieurs choses à vous dire à ce sujet ; il
« faut avant tout que nous nous entretenions *seuls* ; c'est pour-
« quoi je partirai dimanche après la *première messe,* qui se dit
« aux Carmes à cinq heures. J'arriverai vers les six heures et
« demie du matin. Trouvez un endroit dans le quartier où
« nous puissions être *tel il le faut.* Après cela nous visiterons
« les amis.

« Le commandant est parti de Paris précipitamment et n'a
« laissé qu'une lettre. Je vous trouverai chez vous à mon arri-
« vée. »

Cauchard sait que le commandant *a laissé une lettre !* —
Pourquoi s'en étonner? Cette lettre recommande Cauchard.

— Le nombre certain!... seuls!... un lieu tel il le faut?... —
Le secrétaire de l'œuvre avait invité très-simplement Cauchard
et Toutain à lui faire savoir le nombre d'usines dans lesquelles
on pourrait proposer des ouvriers, le genre de travail, et les
emplois disponibles; il avait dit à Cauchard : « J'aurai bientôt
« une place pour vous. Apprenez à Toutain que Mme de Lachâ-
« tre a obtenu pour lui une loge de portier. » Vous connaissez,
MM. les jurés, le style et le langage de Cauchard. Le voilà qui
se pose avec emphase ; il se donne de l'importance. *Il est engagé fortement.* Porteur d'heureuses nouvelles, il a des choses
immenses à régler. Le salon public d'un cabaret et la présence
des sapeurs ne conviennent pas dans de telles circonstances. On
doit être *seuls, dans un lieu tel il le faut :* Cauchard va discuter
sur une loge de portier obtenue. L'ordonnance est rendue. Elle
est contre-signée, *Vacasse.* Cauchard comptera ces hautes py-
ramides qui envoient jusqu'au ciel la noire fumée des travail-
leurs. Tels sont les sombres mystères qui épouvantent l'accusation. Les lettres disparaissent. Le lien est brisé. Là s'ar-
rête le cercle de la grande conspiration.

Cauchard niait d'abord. Il était donc coupable, nous dit
M. l'avocat général. Il a été conseillé, nous dit M. le président.
Oui, messieurs, Cauchard se taisait, et il avait raison. Il est si
facile de se compromettre dans l'instruction par une réponse
dont on ignore la portée. Le conseil de Cauchard, c'est moi!...
Je lui ai dit : « Aujourd'hui vos mystères n'ont pas le sens
« commun. Avouez donc vos démarches et vos bavardages.
« Vos sentiments, avouez-les hautement; la honte sera pour
« les dénonciateurs. Votre silence fait de vous quelque chose,
« et vous n'êtes qu'un rêveur très-inoffensif, très-innocent. »
Il a tout révélé alors à ses juges.

Suivons Cauchard : il commence sa conspiration. Il emporte
deux brochures non poursuivies, *la Vie populaire* et *le Voyage
et séjour à Londres de Henri de France,* par M. Muret, une
médaille à l'effigie du prince, et quatre lithographies de la
lettre du 7 avril. Il avait pris sur le bureau de M. de Lépinois
cette image d'une écriture qui lui est chère. Ainsi deux bro-

chures, une médaille, une lettre lithographiée, voici les armes!
Cauchard et Toutain boivent le 2 juin dans une auberge avec
quatre sapeurs du génie, Bladinière, Demé, Pilla, Lepelletier.
Ils boivent encore le 16. Ils ont peut-être bu trois fois, et
Cauchard avait 3 francs 50 centimes; voici les moyens.
Cauchard, plein d'abandon et d'exaltation pour ses nouvelles
connaissances, est arrêté le 22, sur la dénonciation *des amis*.
Ils avaient prévenu leurs chefs, et on leur avait dit de continuer à boire, à causer et à conspirer. Cauchard, confiant, heureux des sympathies qu'il rencontre, met en dehors tous ses
sentiments. On l'écoute, on s'émeut à ses paroles, on le pro-
voque à revenir. Son exaltation s'échauffe à l'exaltation tou-
jours croissante des sapeurs du génie. Ils se plaignent de leur
inaction, des travaux auxquels on les condamne; ils se dispu-
tent les brochures qui parlent du jeune exilé, de sa vie si courte
encore et si pleine de bonnes actions. Il faut que Vatelier aille
chez Toutain chercher une seconde médaille. Ils admirent sur
cette médaille la noble figure du prince, et l'un d'eux baise
l'image sacrée avec transport; si Cauchard s'éloigne pour re-
tourner à ses modestes travaux, ils sont tristes. L'absence de
Cauchard leur pèse. Il arrive; ils sont dans la joie. Ils l'at-
tendent comme un père, comme un sauveur. Leur attention
délicate a préparé une surprise; ils attachent une rose blanche
à sa boutonnière. « *Voilà notre couleur, notre emblème à
tous!* » et ils déchirent ainsi leur drapeau devant Cauchard.
Le pauvre homme! il pleure de tendresse; il embrasse avec
effusion, il presse sur son cœur le soldat qui attaque ses affections les plus vives, qui fait un appel à ses sentiments les plus
intimes. Et tout cela n'était qu'une indigne comédie, qu'une
odieuse provocation! Ils se vantent de leurs mensonges, de
leur hypocrite sympathie. *Ils feignent d'écouter avec plaisir;
ils veulent le faire s'engager. L'un d'eux sort pour prendre des
notes*, et Cauchard est obligé de retenir les esprits en efferves-
cence, et il leur crie : *Point de guerre-civile! point d'étrangers!*
grands mots qu'il a retenus et qu'il prononce doctoralement,
mots généreux qui ne sont pas d'un conspirateur. Alors il par-

tous les sapeurs répondaient : « Nous le prierons d'abdiquer ! »
Et c'est cela que l'on appelle une proposition de complot non
agréé, un colloque de barrière, une scène de Charenton, une
folie? L'un d'eux invoquait les souvenirs du sol natal, de la
ville du 12 mars. Le malheureux ! il s'armait du nom et des
croyances de son père ; il voulait le rendre complice d'une tra-
hison ; il a menti sur le nom de son père ; il a blasphémé le
nom de son père !… Que nos soldats provoquent la gloire, qu'ils
provoquent l'ennemi de la France pour la rendre libre, grande
et forte, qu'ils soient des lions dans le combat, mais qu'ils se
fassent moutons, et moutons de police, je ne le comprendrai jamais !… Qu'au premier mot ils repoussent et même saisissent
les corrupteurs, très-bien ! qu'ils imitent M. Nabon, mieux encore ! mais qu'ils parlent comme Cauchard, qu'ils aillent plus
loin que lui pour le dénoncer et le perdre, ce n'est pas là
de l'honneur, j'en appelle à tout uniforme ; j'en appelle au grand
jury de l'armée !

Un préfet de police mettrait à sa table un soldat ; il n'y mettrait pas un agent de police. Des soldats se faire agents de police !..

M. le président : Je ne puis laisser passer cette expression…

Me Nibelle : Je ne puis la retirer.

M. le président : J'ai laissé passer vos moutons.

Me Nibelle : Alors je retire le mot et retourne à mes moutons.

Cauchard offrait de l'argent ! C'est un mensonge, car il en
eût montré ! Il payait à boire ; les sapeurs payaient à leur tour.
On a bu outre mesure. Ils étaient *bacchiques*, a dit Cauchard.
Ils ont parlé beaucoup du duc de Bordeaux, de Louis-Philippe,
de l'œuvre de Saint-Louis ; de quoi n'ont-ils pas parlé? Comment rien préciser dans ce chaos de leurs idées et de leurs
souvenirs?

Mais ils ont nommé les chefs, s'écrie l'accusation, ils ont
nommé *le prince de Robec*, MM. *Charbonnier*, *de Lépinois*,

lait du vœu général de la nation, d'abdication volontaire, et *Lemestre, Chartois.* Quels sont ces deux derniers noms? *Lemestre, Chartois*, personne ne les connaît. La police n'a pu les découvrir. Les sapeurs ont jeté à leurs officiers des noms imaginaires comme la conspiration. Au milieu de tant de récits, de tant de vanteries incohérentes, les réunions pacifiques du Louvre ont été prises pour des réunions de conspirateurs. Cette pensée une fois admise par de faibles cerveaux, les soldats ont tout expliqué, tout deviné. Ils ne savent pas la glorieuse histoire de Montmorency, mais *un Prince* est évidemment le premier chef, le grand chef; le commandant Charbonnier, second chef; l'œuvre se rassemble à la voix de M. de Lépinois, troisième chef. Ils sont tous chefs! Saint Louis d'ailleurs est très-suspect de nos jours, et son œuvre, pour des sapeurs du génie, est un attentat à nos libertés, au bonheur dont nous jouissons. Les moutons de Panurge faisaient tous la même chose. Ils auraient tous dit la même chose s'ils avaient parlé. Les sapeurs partent du même pied, ils racontent de la même manière. On dirait un *mot d'ordre* mis en conspiration.

Ecoutons les sapeurs du génie. J'accepte leurs récits effrayants.

Il y avait *trente mille hommes* !... Où sont-ils? pourquoi ne se montrent-ils pas? Ils embarrasseraient fort M. Delessert. Les sapeurs, sans doute, sont terribles; mais il est au moins inutile de faire tant de courses indiscrètes, de s'exposer à tout perdre, pour conquérir si périlleusement et ajouter quatre sapeurs à trente mille hommes. *On a des armes, des munitions.* L'un dit qu'elles sont dans la rue de la Planche, l'autre dans de petites maisons de la plaine de Grenelle. J'adopte les petites maisons! Il faut y mettre les conspirateurs et la conspiration. Quoi! tant d'hommes graves sont ici rassemblés, et c'est pour cette folie!.. et la police a fouillé les caves du prince de Robec!.. Voici maintenant le merveilleux. *Deux cents uniformes sont préparés.* Tremblez! en ce moment on vote les fonds. Deux cents conspirateurs, déguisés en soldats de la ligne ou en gardes nationaux (on est encore incertain sur ce point), s'empa-

reront des Tuileries ou de Neuilly. On penche pour Neuilly.
Toutefois les conjurés sont de bonnes gens. Ils forceront seulement Philippe à abdiquer, et même ils lui rendront *son ancien grade* de lieutenant général du royaume, sous un roi de vingt-quatre ans. Les quatre sapeurs d'Issy savent lire, puisqu'ils ont été portés pour de l'avancement. Ils ne le doivent pas sans doute à une délation. Vous les avez entendus. Vous avez pu apprécier leur mérite personnel. Lavater eût remarqué sur leurs visages tous les signes du génie d'un caporal : ils savent lire. Dans quel conte des Mille et une Nuits ou de ma mère-grand ont-ils pillé l'ingénieux roman qu'ils nous apportent ? L'avancement arrive de toutes parts aux sapeurs. Ils n'en manquent pas dans la conspiration. Chaque épaulette de laine se change magiquement eu épaulette d'or, chaque bourgeois a une pension de 1200 fr. Dans cette nouvelle armée d'officiers, on se demande seulement où cette conjuration si magnifique prendra des épaulettes de laine pour les épaulettes d'or. Quant aux pensions bourgeoises, Henri V d'avance y a pourvu ; 4 millions sont arrivés. Quatre millions ! où les eût-il trouvés le généreux prince? Ah ! MM. les jurés, les exilés n'ont emporté que leur amour pour la France !

La loi punit les complots, les propositions de complots ; elle ne frappe pas des rêves, des fictions, des extravagances; il faut des choses de nature à faire impression sur une personne raisonnable. Je ne veux pas humilier ces pauvres sapeurs du génie en supposant qu'ils ont pris au sérieux les trente mille hommes, les deux cents uniformes, les armes des petites maisons, la pension de 1200 fr., les épaulettes d'or. S'il en était ainsi, il faudrait enfermer les sapeurs avec Cauchard dans le magasin d'armes de la plaine de Grenelle.

N'oubliez pas non plus que toutes ces belles choses se traitaient le dimanche, en pleine auberge, au bruit des bouteilles et des verres. En pleine auberge, à jour fixe, une conspiration !!! N'oubliez pas que le témoignage des sapeurs reçoit de l'autorité elle-même un grave démenti. Ils ont déclaré que Cauchard a fait auprès du 70e des tentatives qui ont échoué. De minutieux renseignements ont certainement été pris, et nul homme du 70ᵉ ne s'est levé contre Toutain et Cauchard.

M. l'avocat général, en terminant, vous a dit que vous apprécieriez cette affaire. Oui, MM. les jurés, vous l'apprécierez et vous la réduirez à ses mesquines proportions. Vous ne verrez point la crainte d'un attentat, le germe d'un complot, des propositions de complot non agréées, dans les conversations de cabaret d'un malheureux terrassier, dans les paroles trop nombreuses, dans le bavardage exalté d'un triste tapissier sans emploi, et que l'on décore pompeusement du titre de chef des chiffonniers, encore bien qu'il ne les ait jamais conduits à la bataille. Condamner !... mais ce serait compromettre le gouverment lui-même, et déclarer que l'attachement de l'armée au régime actuel tient à bien peu de chose. Condamner !... Cauchard est un pauvre homme nullement dangereux. Laissez-lui ses affections, ses brochures et sa médaille. Candamner !... Cauchard est déjà vieux, et sa santé chancelante ne résisterait pas longtemps à l'air, à la nourriture, au régime des prisons ; une condamnation, quelque légère qu'elle fût, serait pour Cauchard un arrêt de mort : vous ne condamnerez pas !

Nota. La pensée d'un complot légitimiste a été écartée, car M. Charbonnier, défendu par Mᵉ Berryer, et M. de Lépinois, défendu par Mᵉ Fontaine, ont été acquittés.

Cauchard et Toutain ont été condamnés à deux ans de prison. Toutain avait pour défenseur Mᵉ du Theil.

Cauchard devait se pourvoir en cassation. Il y avait une nullité dans la procédure : avec sa pauvre tête, Cauchard a oublié de se pourvoir dans les trois jours.

9 782329 061719